AF245951

CATALOGUE
D'OBJETS D'ART

CURIOSITÉS,

Tels que Bronzes antiques et Florentins, Émaux de Limoges et Bizantins, Ivoire, Terres cuites, Faïences Italiennes et de Bernard Palissy, Médailles Grecques en or et argent, Verreries antiques et Vénitiennes, Pierres gravées, Intailles et Camées antiques, et quantité d'Objets variés du moyen-âge.

TABLEAUX
DE GREUZE, WATTEAU, KUYP, ETC.,

DESSINS
De Rembrandt, Watteau, Boucher, Prud'hon, Bonnington, Greuze,

BELLES ESTAMPES
A L'EAU-FORTE,

DU CABINET DE M. VAN OS,

DONT LA VENTE AURA LIEU

LES LUNDI 20, MARDI 21 ET MERCREDI 22 JANVIER 1851,
heure de midi.

A L'HOTEL DES VENTES,
RUE DES JEUNEURS, N. 42,

Par le ministère de M⁰ BONNEFONS DE LAVIALLE,
Commissaire-Priseur, rue de Choiseul, n. 11.
Assisté de M. ROUSSEL, rue du Dragon, n. 33,
Et M. DEFER, expert, quai Voltaire, n. 21.
Chez lesquels se distribue le présent Catalogue.

EXPOSITION PUBLIQUE
Le Dimanche 19 Janvier 1851, de midi à quatre heures.

Paris

IMPRIMERIE ET LITHOGRAPHIE DE MAULDE ET RENOU,
Rue Bailleul, 9 et 11, près du Louvre.

1851.

CATALOGUE

D'OBJETS D'ART

CURIOSITÉS,

Tels que Bronzes antiques et Florentins, Émaux de Limoges et Byzantins, Ivoires, Terres cuites, Faïences Italiennes et de Bernard Palissy, Médailles Grecques en or et argent, Verreries antiques et Vénitiennes, Pierres gravées, Intailles et Camées antiques, et quantité d'Objets variés du moyen-âge,

TABLEAUX

DE GREUZE, WATTEAU, KUYP, ETC.,

DESSINS

De Rembrandt, Watteau, Boucher, Prud'hon, Bonnington, Greuze,

BELLES ESTAMPES

À L'EAU-FORTE,

DU CABINET DE M. VAN OS,

DONT LA VENTE AURA LIEU

LES LUNDI 20, MARDI 21 ET MERCREDI 22 JANVIER 1851,
heure de midi

À L'HOTEL DES VENTES,

RUE DES JEUNEURS, N. 42,

Par le ministère de Mᵉ BONNEFONS DE LAVIALLE,
Commissaire-Priseur, rue de Choiseul, n. 11.
Assisté de M. ROUSSEL, rue du Dragon, n. 33.
Et M. DEFER, expert, quai Voltaire, n. 21.
Chez lesquels se distribue le présent Catalogue.

EXPOSITION PUBLIQUE

Le Dimanche 19 Janvier 1851, de midi à quatre heures.

Paris

IMPRIMERIE ET LITHOGRAPHIE DE MAULDE ET RENOU,
Rue Bailleul, 9 et 11, près du Louvre.

1851.

AVERTISSEMENT.

Si la réunion des Objets d'Art, Curiosités, Bronzes, Médailles, Tableaux, Dessins et Estampes dont nous donnons le Catalogue, n'est pas nombreuse, elle se distingue par le choix et le goût qui y ont présidé et les cabinets desquels ces objets sortent; il nous suffira de citer ceux de LAFFITTE, LAGOY, DENON, DEBRUGE, SAINT, MARTINI, CYPIERRE, REVIL, etc.

ORDRE DES VACATIONS.

Les Lundi 20 et Mardi 21, les Curiosités.
Le Mercredi 22, les Estampes, Dessins et Tableaux.

CONDITIONS DE LA VENTE.

Elle sera faite au comptant.

Les adjudicataires paieront cinq pour cent en sus des enchères, applicables aux frais.

DÉSIGNATION,

DES OBJETS.

Terre peinte.

1 — Vase grec à peinture noire, sujet héroïque,
bien conservé.

Verres antiques.

2 — Ossuaire en verre irisé, d'une belle forme.
3 — Ossuaire à peu près semblable.
4 — Ossuaire plus grand et de même forme.
5 — Deux lacrimatoires en verre irisé, d'une
jolie forme.

Médailles antiques.

6 — Très belle médaille de Siracuse, en argent,
tête de Proserpine, au revers un quadrige; magnifique exemplaire de la collection Reville.

7 — Médaille en argent, tête de Lysimaque dia-
démée, au revers Pallas appuyée sur un
bouclier.

8 — Petite médaille en or, tête d'Apollon laurée,
au revers un trépied.

9 — Autre médaille en or, Faustina Junior, au
revers Concordia et une colombe.

10 — Petite médaille en argent, tête de bélier,
au revers une tête de chèvre et des pois-
sons,

Bronzes antiques.

11 — Apollon nu, debout; belle statuette étrus-
que couverte d'une belle patine et par-
faitement conservée. Elle est en outre remarquable par la coiffure; sur fût de colonne en marbre.

12 — Petite statuette d'Hercule jeune.

13 — Vase à une anse, ouverture à trèfle.

Bronzes italiens et autres.

14 — La Vénus africaine, beau bronze florentin
du XVIe siècle.

15 — Diane assise tenant un oiseau, bronze fondu
à cire perdue, non réparé, d'un très beau
style.

16 — Le buste de Gluck, beau bronze ancien.

17 — Médaillon italien, Hieronima sacrata, 1555.

18 — Petit buste d'enfant qui pleure, d'une grande
finesse de ciselure, sur piédestal en por-
celaine de Saxe.

19 — Joli bas-relief représentant un jeune Faune
blessé soutenu par des Satyres, cadre en
écaille.

20 — Une clochette en métal, ornée d'arabesques
en relief, avec inscription et date de
1544.

21 — Petit bas-relief en bronze italien d'après
l'antique, d'une grande finesse d'exécution.

22 — Deux medaillons, bas-reliefs en bronze du
XVI° siècle, sujets allégoriques.

23 — Deux médaillons ovales, bas-reliefs italiens,
sujets tirés de la coupe de Donatello, et
un autre médaillon avec sujet de chasse.

24 — Marsias attaché à un arbre, bronze florentin du XVI° siècle, d'une belle exécution.

Camées & Intailles antiques & autres.

25 — Camée antique sur sardonix, à cinq couches, Victoire sur un quadrige, on lit une
inscription placée dans la couronne que
tient la Victoire, monté en médaillon
d'or.

26 — Intaille antique sur cornaline, deux porcs,
montée en bague d'or.

27 — Calcédoine orientale, intaille, Hercule et
Omphale, trés beau travail, montée en
bague d'or.

28 — Deux camées coquille, du XVI° siècle, ouvrage d'une finesse remarquable.

29 — Médaillon ovale formé de deux camées coquille, saint Georges et saint Michel, travail du XVI° siècle.

30 — Camée de haut relief sur agate à deux couches, la Vierge portant l'Enfant Jésus,
XVI° siècle.

31 — Camée sur sardoine, à deux couches, un
sphynx, monté en bague.

32 — Autre camée monté en bague, sardonix à
deux couches, deux bustes en regard.

33 — Camée sur agate à deux couches, buste
d'homme, monté en épingle.

34 — Camée monté en épingle, buste de femme,
monture en or émaillé.

35 — Belle cornaline intaille, l'Enlèvement de
Proserpine, travail fin et bien terminé.

36 — Sardoine intaille, Vénus sortant du bain,
montée en cachet tournant, en or.

37 — Intaille sur cristal de roche, le portrait de
saint Charles Boromée.

Ivoires sculptés.

38 — Le Christ à la colonne, figure d'une grande
dimension et d'un beau travail.

39 — Médaillon à huit pans, sujet de concert exécuté en haut-relief, composition d'un
grand nombre de figures, travail italien
portant la date de 1549.

40 — Un enfant debout, figurine dans le style de
François Flamand.

41 — Jolie petite statuette, femme sortant du
bain.

42 — Une tête de femme d'après l'antique.

43 — Bas-relief ovale, jeunes enfants, style de
François Flamand.

44 — Autre bas-relief ovale, sujet de bataille,
travail fin.

45 — Beau buste de femme, Lucréce, sur piédestal en bois.

46 — Quatre dés à jouer formés par de petites
figurines nues accroupies, travail du
XVI⁰ siècle.

46 bis. — Une pagode chinoise à sept étages. Elle
vient du cabinet de M. de Guignes.

Bois sculptés.

47 — Un meuble à hauteur d'appui dont les portes
sont ornées de bas-reliefs très fins dans
le style de Jean Goujou.

48 — Deux groupes de têtes d'anges.

49 — Médaillon rond, représentant la Vierge des
Sept Douleurs, sculpture fine et remarquable du XVI⁰ siècle.

50 — Autre médaillon rond, sujet allégorique exécuté en bas-relief, XVIe siècle.

51 — Gaine de couteau ornée de petits bas-reliefs avec inscriptions hollandaises.

52 — Le Joueur de vielle, petite statuette, ouvrage flamand.

53 — Bas-relief allemand du XVIe siècle, la Chaste Suzanne, ouvrage d'une exécution remarquable, cadre en bois noir.

54 — Peigne en bois sculpté et découpé à jour; travail du XVIe siècle.

55 — Deux chaises flamandes, à dossiers élevés, sculptés et découpés à jour; elles sont garnie en velours rouge.

Terres cuites.

56 — Jolie petite tête de satyre, par Marin.

57 — Statuette d'enfant assis, style de François Flamand, sur socle en marbre blanc orné d'un bas-relief en argent repoussé d'un beau travail.

58 — Charmante statuette de Bacchante debout, avec un jeune enfant à ses pieds, par Marin.

59 — Deux très jolis groupes d'enfants, remarquables par la beauté de la modelure et la grâce des figures.

Faïences italiennes.

60 — Grand plat de Faenza, représentant Joseph
    expliquant les songes devant Pharaon.

61 — Autre plat, représentant l'ensevelissement
    du Christ. Peinture fine et d'un bel
    émail.

62 — Vase de forme ovoïde à bec évasé, orné de
    macarons et orné d'arabesques sur fond
    blanc.

63 — Joli vase de pharmacie, couvert de trophées
    sur fond bleu, au centre, une reine assise
    sous un baldaquin.

64 — Une coupe ronde avec couvercle, décorés
    d'arabesques d'un très beau style; à l'in-
    térieur un sujet.

Faïences de Bernard Palissy.

65 — Petit plat rond à entrelacs et fleurons, dé-
    coupés à jours.

66 — Petit plat rond à mascarons, bel émail.

67 — Plat rond, les vendanges. Belle composition
    de plusieurs figures. Très belle épreuve.

68 — Plat rond orné d'entrelacs et de mascarons.

69 — Beau plat représentant le combat des Cen-
    taures et des Lapithes.

70 — Plat ovale. La belle jardinière.

71 — Autre plat. La Foi.

72 — Deux petits plats faisant pendant.

73 — Un plat. Le Sacrifice d'Abraham.
74 — Autre plat. La Décollation de saint Jean.
75 — Plat ovale avec lézards et coquillages.
76 — Sauciere de forme oblong, au fond Bacchus
et Cérès.

Grés et Faïences diverses.

77 — Cruche en faïence hollandaise, richement
garnie en argent repoussé et doré.
78 — Pot à bière en grés noir orné d'un bas-relief représntant une danse flamande; couvercle en étain.
79 — Une cruche de forme basse en grés brun,
ornée des douze apôtres, au pourtour
émaillés en couleurs.
80 — Un bénitier, très beau d'émail.

Verreries venitiennes.

81 — Jolie coupe à filets entrecroisés et à bulles
d'air.
82 — Pot à bière en verre de Venise orné d'é-
maux.
83 — Aiguière en verre filigrané, d'une forme
élégante et d'une parfaite exécution.
84 — Verre à pied de forme évasée, à filigrane
blanc.

85 — Petit plateau à filets d'émail entrecroisés et
à bulles d'air, d'une parfaite régularité.

86 — Grande coupe, ornée de filigrane et de filet
d'émail en relief.

87 — Grand vase forme sphérique et son couvercle en verre blanc, le pied forme balustre,
est orné de mascarons.

88 — Coupe en verre blanc, d'un galbe élégant,
le pied forme de balustre est creux.

Émaux de Limoges.

89 — Belle peinture grisaille légèrement teintée
et rehaussée d'or, plusieurs personnages
réunis, dans un paysage garni d'arbres.
Ce bel émail provient de la collection de
M. Denon, d'où il était passé dans celle
de M. Deburge-Dumenil où il portait le
n° 714.

90 — Le portrait du Christ, émail colorié de Laudin.

91 — Plateau rond à peinture grisaille représentant des trophées d'armes avec figures,
au centre un écusson armoirié en émail
de couleur. Signé Laudin.

92 — Belle peinture grisaille, La mise au tombeau
d'après Sébastien del Piombo, d'une finesse d'exécution très remarquable, cadre
en argent découpé à jour.

93 — Beau cadre rond, décoré d'arabesques en grisaille sur fond bleu, moulures en cuivre doré.

94 — Six assiettes à peintures grisailles teintées rehaussées d'or, représentant des sujets tirés de l'histoire de Psyché, avec belles bordures et revers d'arabesques du plus beau style. Attribuées à P. Rémond.

Elles sont d'une conservation parfaite.

95 — Médaillon lozange, une Sybille, émail colorié, attribué à Léonard Limouzin; cadre noir.

96 — Médaillon carré, une Sybille, émaile olorié, attribué au même artiste; cadre noir.

97 — Médaillon lozange. Le buste de Lucréce.

98 — Trois médaillons lozanges. Têtes de femmes, peintures coloriés. Cadres dorés.

99 — Le Christ à la colonne, peinture grisaille, et une armoirie, émail colorié.

100 — Descente de croix, belle peinture grisaille. Cadre noir.

101 — Deux médaillons lozange, Sybilles, peintures coloriées par Léonard Limouzin. Cadres noirs.

102 — Deux cariatides, peintures grisaille sur fond noir.

103 — Cadre en bois sculpté, orné de six cariatides en émail, d'un très beau style.

104 — Le Calvaire, belle composition d'un grand nombre de figures, peinture grisaille.

105 — Deux bustes, portraits; peintures coloriées, dans des cadres en cuivre doré.

106 — Deux jolis émaux carrés, l'Annonciation, peinture sur paillon, et l'Assomption de la Vierge, peinture grisaille teintee, dans des cadres en bois sculpté et doré très fins.

107 — Bel émail colorié de style allemand du xv⁰ siècle, la Vierge et l'Enfant Jésus, dans son cadre du temps, en cuivre doré.

108 — Très belle croix en émail bizantin, avec sujets tirée de l'Histoire Sainte, portant des inscriptions. La monture eu bois est couverte d'ornements en cuivre repoussé et argenté.

109 — Le portrait de Marie-Clémentine, fille de Jacques II. Très bel émail, cadre en cuivre doré.

110 — La Sainte-Famille d'après Raphael. Très belle peinture sur émail du temps de Louis XIV

111 — Très belle plaque en émail du xv⁰ siècle, l'Adoration des Mages ; peinture coloriée de style allemand.

112 — Une coupe à couvercle, avec date de 1545.

Objets divers.

113. — Très belle pendule italienne du xvi⁰ siècle, cuivre repoussé et doré. Elle a la forme

d'un vase à deux anses, entièrement couvert d'ornements en relief du plus beau
style, et enrichi de quatre bas-relief en
argent repoussé, représentant des figures
de femmes allégoriques, la panse du vase
porte sur les deux faces opposées deux
cadrans en argent émaillé à dessins
champlevés.

114 — Calice gothique en argent doré, décoré de
jolis ornements d'applique, découpés à
jour.

115 — Jolie coupe de forme très élégante, en argent repoussé et doré, au centre est un
écusson armoirié à dessins champlevés et
émaillés, xvi⁵ siècle.

116 — Porte-flacons en cuivre doré, avec ornement
de couleurs, imitant l'émail, muni de six
petits flacons en verre bleu et porté par
deux figurines en ivoire.

117 — Vase à trois anses en étain, attribué à Briot,
orné de bas-relief et d'arabesques très
fins.

118 — Cave à liqueurs, ayant l'aparence d'un cabinet à tiroirs, en marqueterie d'ivoire
et métal sur fond d'ébène, ouvrage indien
d'une exécution remarquable; à l'intérieur quatre flacons en cristal taillé.

119 — Bas-relief en fer repoussé et damasquiné
d'or, représentant Mars et Vénus, sur-
pris par Vulcain, travail italien, du xvi⁵

siècle. Cette belle pièce provient de la collection de M. Debruget.

120 — Une table, mosaïque, d'échantillons de lave du Vésuve; sur pied en bois d'acajou sculpté.

121 — Boîte plate en laque du Japon sur le couvercle est représenté l'arbuste qui produit le Li-Tchi.

122 — Une tasse à couvercle en étain, couverte en tissu de crin.

123 — Coffret en laque aventuriné avec compartiments à l'intérieur.

124 — Petite boîte en ovale en argent repoussé, représentant des sujets historiques.

125 — Petit couteau et sa gatne en argent émaillé.

126 — Couteau dont le manche en écaille rouge est orné d'appliques en argent, découpés à jour.

127 — Petit bas-relief en fer ciselé, un guerrier à cheval.

128 — Grande montre ovale à réveil, du XVIe siècle, en cuivre doré, orné de gravures et découpée à jour, le dessus est orné d'un bas relief en argent, représentant le Jugement de Paris.

129 — Belle coupe en grenat syrien, avec monture à une anse en argent émaillé d'un travail persan très-curieux; cette coupe est très remarquable par son volume et la beauté de la matière.

130 — Le Christ à la colonne, figurine en argent.

131 — Une boîte à pans en or ciselé, ornée de mo-
saïques de Rome, représentant des animaux et des arabesques.

132 — Petite montre de forme ronde, en argent,
décorée de sujets gravés, tirés de l'Evan-
gile, travail du xvi° siècle.

133 — Autre montre ovale en argent ciselé, figu-
rant une fleur. Signé Van Pilcem. Ams-
terdam.

134 — Coupe à une anse prise dans la masse, en
jade gris.

135 — Couteau dont la douille est en fer incrusté
d'argent et le manche en agate garni en
argent, travail d'une grande finesse et
d'un goût exquis.

136 — Joli petit yatagan, avec poignée en vache
marine garnie en argent, le fourreau en
argent repoussé est enrichi d'ornements
émaillés.

137 — Deux petits couteaux à manches en fer ciselé et nacre de perles, la gaine en fer
repoussé.

138 — Une poire à poudre en écaille, garnie en
argent.

139 — Un étui en argent, formant cassolette et
cachet.

140 — Une poire à poudre ronde en marqueterie
d'ivoire du xvi° siècle.

141 — Plat à barbe en vieux laque de Chine.

142 — Petit couteau à manche en fer ciselé incrusté
de nacre de perle.

113 — Deux pièces provenant d'une selle, en fer
repoussé damasquiné d'or, travail du xvi°
siècle.

144 — Grande coupe ronde guillochée, en corne de
rhinocéros.

145 — Un étrier du xvi° siècle, en cuivre doré,
très riche d'ornements, avec figures en
relief, ouvrage italien.

146 — Couteau et fourchette dont les manches en
argent sont découpés à jour.

147 — Joli petit manche en argent doré, orné de
figures et mascarons très fins.

148 — Deux boucliers ou écus de parade italiens,
en bois, décorés de peintures grisailles
rehaussées d'or.

149 — Deux casques saxons en fer gravé et doré.

150 — Quatre épées à gardes en fer ciselé, du
xvi° siècle.

151 — Deux autres épées du xvi° siècle.

152 — Deux massses d'armes en fer du xvi° siècle.

153 — Douze médaillons, les Apôtres. Peinture à
l'huile sur cuivre, cadres en bois d'ébène.

154 — Deux aiguières en albâtre veinée, d'Italie.

155 — Beau vase en cristal de roche, forme an-
cienne, avec anse prise dans la masse.

156 — Grand calice et sa patène, en bronze doré,
le nœud du pied est orné d'émaux sur argent à dessins champlevés.

157 — Deux grands plats, en céladon gaufré, très
anciens.

158 — Très grande théière en terre de Boccaro à
feuillages et animaux et en relief, montée
en bronze doré.

DÉSIGNATION

DES TABLEAUX

DESSINS ET ESTAMPES.

TABLEAUX.

RUISDAEL (Jacques).

159 — Paysage par un temps de neige. Un chemin
élevé qui longe un canal et conduit aux
premières chaumières d'un village hollandais en avant desquelles se voient
trois gros arbres. Sur ce chemin est un
pêcheur. Les effets de neige Ruisdaël
sont très rares.

DOW A° 1541 (signé G.).

160 — Portrait de la mère du peintre, elle est vue
presque de face et vêtue de noir, le cou
entouré d'une large collerette empesée.
Tableau sur bois d'une grande vérité d'ex-
pression.

KUYP ou CUYP (Albert).

161 — Un Cheval gris pommelé tout harnaché, il est tourné vers la gauche et tenu par un petit palefrenier, sur le plan plus éloigné est son cavalier. Le fond du tableau offre la vue d'une rivière et au-delà des arbres est un vieux château. Ce bon tableau est sur bois et signé.

VAN MOL.

162 — Une jeune femme nue et assise sur des coussins, elle parait sortir du bain, derrière elle une duègne à laquelle elle parait donner des ordres. Ce bon petit tableau qui est sur bois vient du cabinet Lebrun et est gravé dans son recueil.

WATTEAU (Antoine).

163 — Charmante composition pastorale de quatre figures, dont au premier plan une jeune et gracieuse femme se baigne les pieds dans un ruisseau, ce que regarde un jeune homme à travers le feuillage. Un peu plus loin deux personnages homme et femme dans une attitude galante. Joli petit tableau d'une grande finesse de ton et d'une parfaite exécution. Il est sur bois.

GREUZE (Jean-Baptiste).

164 — Charmante petite fille à mi-corps, les deux
bras appuyés sur une table à tapis vert
devant son frugal déjeuner composé de
pain et de pommes. Ce tableau du bon
temps du maître est sur bois.

BERANGER (Charles).

165 — Un paysage très accidenté et très étudié,
au premier plan sur un tertre rocailleux
en avant de larges plantes, une jeune per-
sonne va puiser de l'eau à une source qui
est au bas à droite du tableau.

VAN STRY.

166 — Village hollandais. Au premier plan deux
jeunes filles assises au coin du mur d'une
église. Ce tableau par son exécution rap-
pelle Cuyp. Il est sur bois.

BOILLY.

167 — Un jeune garçon caressant un chat, il est
près d'une table où est placé un gigot et
quelques ustensiles de cuisine. Ce tableau
est tout à fait traité dans la manière de
Chardin, il est fait d'après nature.

GUDIN (M. Théodore).

168 — Marine. Vue d'une jetée sur le port de Dieppe.
Au premier plan diverses figures dont des
matelots autour d'un cabestan.

F. ZURBARAN.

169 — Moine dominicain couché à terre. Ce tableau
a fait partie de la suite des martyrs, peinte
à Séville par Zurbaran, et passée presque
entièrement au musée du Louvre.

ECOLE DE RUBENS.

170 — *Notre-Dame de Lorette*. La Vierge, l'Enfant-
Jésus et la sainte maison transportés par
les anges. — En bas dans le paysage des
spectateurs agenouillés regardent le mi-
racle. Tableau sur bois.

J.-B. GREUZE.

171 — Offrande à l'Amour; esquisse signée : *Greuze*
1771.

LE CHEVALIER DE FAVRÉ, *frère servant de l'ordre de Malte.*

172 — Deux esquisses peintes sur papier. Costumes
de Maltais.

D'APRÈS LE TITIEN.

173 — Vénus bandant les yeux de l'amour. Petite
esquisse à l'huile, sur papier, d'après le
grand tableau de la collection Borghèse,
à Rome,

SIMON MEMMI (école primitive).

174 — La Vierge et l'Enfant-Jésus entourés d'une
gloire, au bas six saints et saintes en adoration. Curieux tableau peint en détrempe
sur fond d'or.

DESSINS.

ALONZO CANO.

175 — Saint François Xavier adorant l'Enfant-Jésus.
Trois études pour pendentifs; dessin vi-
goureux à la plume et au bistre.

GUERCHIN (Giovanni-Francesco-Barbieri dit le).

176 — Saint Sixte conduit au supplice, rencontre
saint Laurent, qui lui témoigna le désir
de mourir avec lui, il lui répond : dans
trois jours vous serez réuni à moi. Dessin
à la plume et au bistre. *Collection la Goy,*
qui a gravé ce dessin à l'eau forte.

POTTER (PAUL).

177 — Deux cochons. Etude d'une grande vérité au crayon noir.

REMBRANDT (PAUL Van Ryn dit).

178 — Etude de saules et broussailles au bord d'une rivière. Dessin très-vigoureux au bistre sur papier blanc. Du *cabinet Revil.*

DU MÊME.

179 — Tobie recouvrant la vue. Composition de cinq figures. Dessin au bistre.

BOUCHER (FRANÇOIS).

180 — Etude d'une jeune fille vue en pied dans l'attitude de danser. Beau dessin à plusieurs crayons. Du *cabinet Cypierre.*

DU MÊME.

181 — Jeune fille couchée. Elle est couronnée de roses, et mollement étendue sur des coussins ornés de fleurs. Gracieux dessin à plusieurs crayons.

GREUZE (Jean-Baptiste).

182 — Un tout jeune garçon, la tête couchée sur
un chien. Dessin énergique d'après nature et au bistre.

DU MÊME.

183. — Le paralytique. Belle étude à la sanguine,
pour le tableau du Paralytique servi par
ses enfants, qui est dans la galerie de l'er-
mitage à Saint-Pétersbourg.

DU MÊME.

184 — Dans un intérieur d'étable, une jeune lai-
tière est distraite de ses occupations par
un jeune garçon qui paraît lui en conter,
ce dont s'aperçoit la vieille mère, qui
arrive en colère, un bâton à la main.
Dessin lavé à l'encre.

WATTEAU.

185 — Jeune fille assise sur l'herbe; derrière elle
un jeune garçon couché, étude pour le
tableau de la Partie de campagne. Dessin à plusieurs crayons.

DU MÊME,

186 — Charmante tête de jeune fille vue à mi-corps
tournée à gauche et de profil. Dessin à
plusieurs crayons.

PRUD'HON.

187 — Charmante et naïve composition représentant deux jeunes Amours jouant; l'un est couché sur les genoux de l'autre; près d'eux un chien. Dessin très-terminé à l'estompe.

BONNINGTON.

188 — Vue de la Place Saint-Marc à Venise et du Palais Ducal. Aquarelle capitale et d'une grande fraîcheur, l'une des plus belles connues de cet artiste.

DU MÊME.

189 — Paysage. Vue de Normandie. Au premier plan, sur le bord du chemin, se repose une paysanne, à laquelle parle un paysan un paquet sur l'épaule et un panier au bras. Dans le fond un village. Joli dessin à la sépia.

DU MÊME.

190 — Vue prise sur les bords de la Seine aux environs de Rouen. Sur la rivière, au premier plan, des bateaux normands. A l'horison s'aperçoit le clocher de la cathédrale de Rouen. Dessin très-fin à la sépia.

DU MÊME.

191 — L'enfant prodigue. Il est debout dans un
intérieur orné de divers accessoires, près
d'une table à laquelle son père est assis ;
un chien est à ses pieds. Dessin, l'aquarelle.

DU MÊME.

192 — Un seigneur et une dame suivie d'un autre
cavalier sont reçus à la porte d'une tou-
relle d'un manoir du xv° siècle, par une
dame châtelaine. Aquarelle.

DU MÊME.

193 — Un petit paysan assis sur une chaise. Il est
coiffé du bonnet de laine des pêcheurs
normands. Étude à l'aquarelle d'après
nature.

VAN OS 1844 (81).

194 — Une perdrix, du raisin, un citron et des
fleurs artistement groupés, forment un
tableau tant par la vigueur du ton de l'a-
quarelle mêlée de gouache que par la
composition.

ESTAMPES.

REMBRANDT.

195 — Le petit Orfévre. Belle épreuve.

DU MÊME.

196 — Le Martyre de saint Etienne. Belle épreuve.

DU MÊME.

197 — Jeune homme assis réfléchissant. Très-belle
épreuve d'un joli portrait.

DU MÊME.

198 — Sacrifice d'Abraham. Belle épreuve.

DU MÊME.

199 — La grande Chaumière et la Grange à foin.
Paysage gravé à l'eau-forte, l'un des plus
beaux de Rembrandt. Superbe épreuve
du cabinet Revil.

CLAUDE LE LORRAIN (CLAUDE Gelée dit).

200 — La Danse sous les arbres. Belle épreuve du
deuxième état d'une jolie pièce à l'eau-
forte par Claude Lorrain.

ALBERT-DURER.

201 — Triton ravissant Amione, une des cinquante
filles du roi Danaüs, par ordre de
Neptune. Belle épreuve.

VAN DYCK.

202 — *Ecce homo* Pièce gravée à l'eau-forte par
Van Dyck. Superbe épreuve avant les
mots *aqua forte*. Elle vient du *cabinet
Revil*.

DU MÊME.

203 — Le Titien et sa maîtresse. Pièce gravée à
l'eau-forte par Van Dyck, superbe épreuve
avant l'adresse d'*Antoine Bonenfant*,
excudit. Elle vient du cabinet Revil.

DU MÊME.

204 — Portrait de Momper gravé à l'eau-forte
par Van-Dyck, première épreuve avant
la lettre, avec des touches énergiques au
bistre fait de la main de Van-Dyck. Cette
estampe vient du Cabinet de M. Saint.